DES

FINANCES

ET DE

L'ÉQUILIBRE DES BUDGETS

DES FINANCES DE L'ÉTAT, DES DÉPARTEMENTS ET DES COMMUNES
DU DÉFICIT DE LEURS BUDGETS ET DES MOYENS D'Y REMÉDIER

PAR

PAUL GARBOULEAU

MEMBRE DE LA SOCIÉTÉ D'ÉCONOMIE POLITIQUE DE PARIS

PARIS
E. DENTU, LIBRAIRE-ÉDITEUR
Galerie d'Orléans, 17 et 19 (Palais-Royal)

M DCCC LXVIII

DES FINANCES

ET

DE L'ÉQUILIBRE DES BUDGETS

MONTPELLIER, IMPRIMERIE GRAS

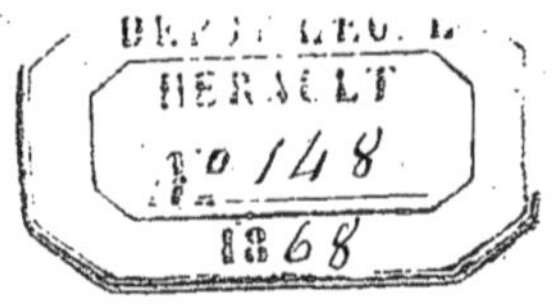

DES

FINANCES

ET DE

L'ÉQUILIBRE DES BUDGETS

DES FINANCES DE L'ÉTAT, DES DÉPARTEMENTS ET DES COMMUNES
DU DÉFICIT DE LEURS BUDGETS ET DES MOYENS D'Y REMÉDIER

PAR

PAUL GARBOULEAU

MEMBRE DE LA SOCIÉTÉ D'ÉCONOMIE POLITIQUE DE PARIS

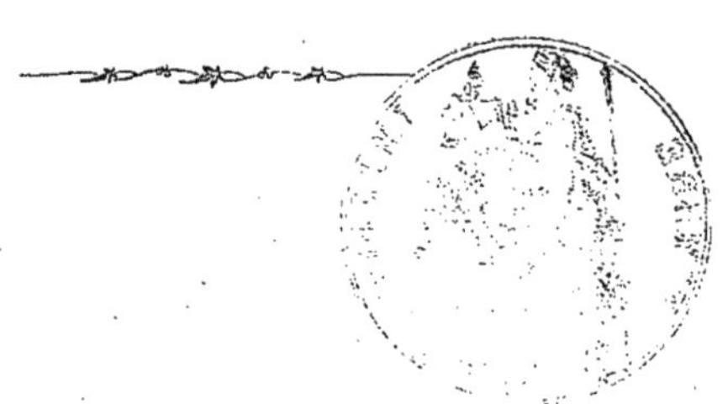

PARIS

E. DENTU, LIBRAIRE-ÉDITEUR

Galerie d'Orléans, 17 et 19 (Palais-Royal)

M DCCC LXVIII

DES FINANCES

ET

DE L'ÉQUILIBRE DES BUDGETS

DES FINANCES DE L'ÉTAT, DES DÉPARTEMENTS ET DES COMMUNES
DU DÉFICIT DE LEURS BUDGETS ET DES MOYENS D'Y REMÉDIER

Que le lecteur ne s'effraye pas de ce titre; un sujet aussi vaste exigerait sans doute, pour être traité à fond, des développements qui formeraient la matière de plusieurs volumes, mais je n'ai pas la prétention d'entreprendre aujourd'hui un pareil labeur.

Ce n'est pas d'ailleurs, selon moi, dans les réformes de détail seulement que peut se trouver la solution complète de la question de l'équilibre des budgets, qui préoccupe, à si juste raison, et nos financiers et nos hommes d'Etat.

Le mal vient surtout, à mon avis, du système financier suivi jusqu'à ce jour, système qui me paraît reposer sur de graves erreurs économiques en matière de finances, les unes purement théoriques, les autres ayant, au contraire, une grande importance pratique et renfermant à la fois de grands dangers et des injustices flagrantes.

S'il en est ainsi, si c'est en réalité la théorie qui est mauvaise et produit ces fâcheuses conséquences, c'est d'abord et surtout cette théorie qu'il importe de réformer. Est-ce à dire qu'il faille négliger d'entrer dans les améliorations de détail, de supprimer certaines dépenses inutiles, de réaliser des économies sur certaines autres? Telle n'est pas ma pensée ; mais, tout en reconnaissant les avantages que doit nécessairement amener un examen attentif de toutes les dépenses, comme dans mon intime conviction le mal vient de plus loin, et gît surtout non pas tant dans l'application du système adopté que dans le système lui-même, c'est aux vices de ce système que l'on doit tout d'abord s'attaquer. Ce n'est pas sur tel ou tel article du budget que doit se porter l'attention, c'est le système financier tout entier qui doit être remanié; aussi est-ce ce point de vue de la question qui va surtout nous occuper.

Le champ de nos recherches va aussi, d'un autre côté, se trouver singulièrement restreint dès le début, par suite de ce fait qui saute immédiatement aux yeux dès que l'on examine le premier document financier venu, à savoir: que le budget ordinaire, tant de l'Etat que des départements et des communes, se solde toujours par un excédant de recettes considérables. Le déficit ne provient donc que des dépenses extraordinaires ; c'est par conséquent de ce point qu'il importe de s'occuper plus spécialement, car c'est là que doit se trouver la solution de ce grave problème de l'équilibre du budget.

L'étude du budget extraordinaire va donc faire l'objet principal de ce travail.

J'examinerai d'abord à l'aide de quelles ressources on s'efforce de payer les dépenses extraordinaires, et, en étudiant le rôle de l'impôt et le rôle de l'emprunt en ces matières, il ne me sera pas difficile de démontrer que l'on applique à certaines dépenses des fonds que la justice réservait à d'autres besoins, ou, en d'autres termes, que le système financier en usage aujourd'hui amène et doit amener nécessairement de grands embarras et même des impossibilités dans l'administration des finances de l'État, des départements et des communes, en détournant certaines recettes de leur affectation normale; et qu'indépendamment de ces inconvénients et de ces dangers, cette théorie financière est souverainement injuste, soit en ce qu'elle met à la charge exclusive de l'avenir des dépenses que la génération présente devrait supporter, soit, au contraire, en ce qu'elle écrase toute une génération pour enrichir les générations futures.

Me basant alors sur une distinction tirée de la nature même des choses, dans ce qu'on appelle aujourd'hui dépenses extraordinaires, distinction capitale sur laquelle repose toute ma théorie, j'exposerai un système qui me semble appelé à parer à ces inconvénients, m'estimant très-heureux s'il renferme quelque chose d'utile et de pratique.

Mais il importe de consacrer tout d'abord quelques lignes à l'examen de la situation financière et économique de la France à notre époque.

Pour mettre plus de clarté dans ce travail, il me paraît nécessaire d'étudier à part et successivement le budget de l'Etat et ceux des départements et des communes; cette double étude m'exposera à des redites, mais je la crois indispensable à cause des différences essentielles qui distinguent les ressources affectées à ces différents budgets.

Commençons par les finances de l'État.

I

Le budget de l'État atteint aujourd'hui un chiffre très-élevé. Il arrive presque à deux milliards. Il suit depuis quinze ans une progression croissante. S'arrêtera-t-il au chiffre auquel il s'élève en 1869? Non. Il poursuivra sa marche ascendante. Par la force même des choses, il doit continuer de s'accroître tant qu'on se trouvera en présence de la situation actuelle et des nécessités qu'elle entraîne.

Mais ce n'est pas tout. Indépendamment du chiffre énorme auquel s'élève le budget, une seconde difficulté se présente: c'est que le budget n'est pas en équilibre, et ce n'est pas seulement en 1869, c'est depuis longues années que ce résultat fâcheux se produit, et cela malgré toutes les combinaisons financières auxquelles on a demandé des ressources extraordinaires.

Cette situation est d'autant plus étrange que les ressources ordinaires se sont accrues dans des proportions très-importantes, et que cet accroissement augmente chaque année; aussi le budget ordinaire se solde-t-il toujours avec un excédant considérable de 100 à 200 millions; mais arrive le budget des dépenses extraordinaires, et cette brillante situation change du tout au tout. Au lieu de l'excédant de 100 à 200 millions, c'est un déficit de 25 à 50 millions chaque année, jusqu'au jour où l'on est obligé de recourir à l'emprunt pour couvrir le déficit, déficit qui recommence avec le budget extraordinaire de l'année suivante. Et cependant, malgré le chiffre si élevé du budget, malgré même ce déficit annuel, il est des services qui sont insuffisamment dotés, ainsi que nous le verrons tout à l'heure en nous occupant des économies comme moyen de rétablir l'équilibre du budget.

Or, si d'un côté la situation des finances de l'État peut se résumer dans cette phrase: Budget considérable, quoique insuffisant pour certains services, et se soldant en outre en déficit chaque année; si, d'un autre côté, ce résultat est amené par les dépenses extraordinaires, la question à se poser est celle-ci : Le mal vient-il d'une impulsion exagérée donnée aux travaux qui occasionnent ces dépenses extraordinaires, et y a-t-il lieu de l'enrayer? ou bien, au contraire, l'impasse dans laquelle nous nous trouvons au point de vue budgétaire, vient-elle de la nature des recettes affectées à l'exécution de ces travaux et doit-on se borner à chercher des ressources d'un autre genre?

Je le dis tout de suite, c'est dans le second terme de la question que l'on doit chercher la solution du problème qui nous occupe, car non-seulement il ne serait pas avantageux, mais il serait dangereux d'arrêter les travaux publics, ce dont il est facile de se convaincre en jetant les yeux sur la situation économique de la France.

II

Plusieurs orateurs au Corps législatif et plusieurs publicistes ont soutenu la théorie suivante ; ils ont dit au gouvernement : Suspendez les travaux publics, auxquels vous avez donné une impulsion beaucoup trop vive. Vous faites des dépenses excessives, hors de toute proportion avec vos ressources. En suivant cette pente fatale, vous courez à une catastrophe inévitable. Attendez, pour continuer à vous lancer dans l'exécution des travaux publics, que les excédants annuels du budget, successivement accumulés, aient constitué un capital suffisant pour y faire face.

Cette proposition ne me paraît pas devoir être adoptée. Sans doute, il a pu y avoir des dépenses excessives pour des travaux d'une utilité contestable, que nous sommes loin d'approuver; mais c'est là un point de vue tout à fait accessoire. Nous plaçant au point de vue de la question de principe, supposant les dépenses d'une utilité reconnue et ne nous occupant que de la question d'opportunité, nous pensons que cette grande impulsion donnée aux travaux publics était une chose non-seulement utile, mais encore indispensable, et que, loin d'en faire un reproche au gouvernement actuel, la postérité considérera cette transformation de la France comme son plus grand titre de gloire.

Il ne faut pas oublier, en effet, que nous marchons enfin vers le libre échange, et que la réforme économique a nécessité et nécessite encore de grandes modifications dans les anciens errements. De même que l'industrie protégée par le système prohibitif s'endormait dans une sécurité complète sur les vieilles machines et les vieux métiers de l'ancien temps, de même les travaux publics marchaient avec une lenteur qui ressemblait à l'immobilité. La réforme économique a tout changé. En échange de l'activité et des sacrifices qu'il demandait à l'industrie et à la production, le gouvernement prenait et devait prendre l'engagement de lui faciliter les moyens de lutter victorieusement avec la concurrence étrangère.

C'est ainsi que, d'un côté, les écoles de toute sorte; de l'autre, les chemins de fer, les canaux, les ponts, les routes, les chemins vicinaux, etc., ont été l'objet des préoccupations de nos hommes d'État, et que, loin de critiquer cette activité, on ne peut qu'applaudir, tant à tout ce qui a été déjà fait qu'aux derniers projets de loi qui sont destinés à activer si vivement l'achèvement de nos voies de communication.

Aussi, ne partageant pas l'opinion de ceux qui voudraient arrêter ou tout au moins ralentir considérablement l'exécution de ces travaux, je n'hésite pas à préférer la théorie de ceux qui s'efforcent de mettre le plus promptement possible notre pays dans les conditions les plus avantageuses au point de vue du commerce et de l'industrie. Ce n'est qu'en agissant ainsi, et non pas en faisant petit à petit ces travaux, qui, pour être terminés, exigeraient des siècles si l'on n'y consacrait que les excédants des revenus, que nous arriverons à soutenir la concurrence de l'étranger et à accroître la fortune de la France. C'est le principe de l'économie politique qui, pour développer la richesse d'un pays, recommande de l'amener aussi promptement que faire se pourra à son *maximum de densité de production* (le mot *production* s'entendant non-seulement de la création, mais de la facilité d'écoulement des produits, et étant pris dans son acception la plus large, comprenant la production immatérielle comme la production matérielle).

C'est au reste, je m'empresse de le dire, la tendance générale. On s'accorde à reconnaître, à part les discussions qui peuvent naître en pratique sur le caractère d'utilité des travaux, qu'il importe de mettre au plus tôt la France dans un état de force productive aussi parfait que possible. Ce n'est donc pas dans l'arrêt ou dans la réduction des travaux publics, l'un des principaux objets des dépenses extraordinaires, qu'il faut chercher la solution du problème qui nous préocupe, l'équilibre du budget.

C'est du côté des ressources qu'il faut nous tourner.

III

Cette nécessité de se procurer des ressources pour faire face aux dépenses extraordinaires a préoccupé à juste titre nos financiers et nos hommes d'État, et chacun a cherché à porter remède à cette situation. Décentralisation, économie sur les dépenses ordinaires, création d'impôts nouveaux, emprunts, tels sont les moyens qui sont proposés ou mis en pratique pour arriver à équilibrer les budgets, tout en créant de nouvelles ressources pour faire face aux excédants de dépense occasionnés par les travaux extraordinaires.

Examinons ces divers points aussi rapidement que possible.

La décentralisation serait-elle un moyen de diminuer les dépenses ordinaires? On dit que, si le budget est si élevé, c'est que nous vivons sous le régime d'une centralisation excessive, que l'État est surchargé d'une foule de services qui ne devraient pas le regarder, et qu'en le déchargeant de ces obligations on arriverait à alléger considérablement ses charges, et par suite à avoir un excédant de ressources considérable. Je n'ai pas à examiner ici les avantages ou les inconvénients de la décentralisation, soit au point de vue politique, soit au point de vue administratif. Si j'avais à exprimer mon opinion en ces matières, je n'hésiterais pas à me déclarer partisan très-décidé de la décentralisation; mais, tout en étant partisan de ce régime, je crois qu'on en exagère en beaucoup de points les avantages, en le considérant comme un remède universel.

Il en est ainsi notamment du point de vue qui m'occupe dans ce travail: le chiffre total des dépenses qu'il s'agit de solder. Je raisonne, bien entendu, toujours en partant de ce principe que toutes les dépenses dont il s'agit sont utiles, et que par suite elles doivent être exécutées. Or, s'il en est ainsi, quel avantage amènerait la décentralisation?

Sans doute, le budget de l'État serait moins élevé; mais alors, pour être juste, il faudrait diminuer d'autant les impôts, car il serait impossible d'attribuer à l'État des sommes pour des services qui ne le regarderaient plus: de telle sorte qu'en définitive on se trouverait en présence de la même proportion entre les dépenses et les recettes. Et comme, en raisonnant toujours dans l'hypothèse de dépenses nécessaires, ce seraient les départements et les communes ou l'industrie privée qui devraient les exécuter, dans le premier cas il faudrait attribuer à ces départements et à ces communes la part de l'impôt qui était primitivement affectée à ses services, ou créer de nouveaux impôts communaux et aggraver la situation du contribuable; dans le second, c'est-à-dire si c'était l'industrie privée qui exécutât ces travaux, il faudrait accorder aux entrepreneurs la faculté de rentrer dans leurs avances à l'aide de priviléges, de concessions ou de péages[1], ou tout autre mode analogue, de sorte qu'en dernière analyse le public, le contribuable, devrait toujours supporter la charge de ces dépenses, que l'on vécût ou

[1] Je ne m'occupe pas des inconvénients qu'amèneraient de pareils droits au point de vue de la production, alors que précisément la grande préoccupation du jour est de diminuer le prix des transports.

non sous le régime de la décentralisation. Aussi, au point de vue de son chiffre total, le budget de l'État serait sans doute moins considérable ; mais, en définitive, l'impôt, quelle que fût la forme qu'il empruntât, serait toujours aussi élevé, en admettant même que sa nouvelle forme ne le fît pas paraître plus lourd au contribuable.

Ce système donc n'aurait pour résultat que de dissimuler la réalité sous une apparence trompeuse; il déguiserait seulement les dépenses, le budget paraîtrait léger et les charges ne seraient pas moins lourdes.

Ce ne serait qu'un palliatif.

Le second moyen proposé pour équilibrer le budget consiste dans les économies à opérer sur les divers services; ce moyen serait souverain, mais il est insuffisant; on n'a pour s'en convaincre qu'à examiner le budget.

Il y a, il est vrai, deux ministères dont la dotation est excessivement élevée : ce sont, chacun le sait, le ministère de la guerre et le ministère de la marine. Il est certain que, si l'on pouvait diminuer de moitié ou seulement du tiers les sommes affectées à ces services, on obtiendrait immédiatement des excédants de recette considérables.

Mais peut-on ou ne peut-on pas réaliser des économies sur ces deux ministères? Telle est la question. Nous nous empressons d'avouer qu'elle n'est pas de notre compétence ; ce n'est pas un de ces problèmes que l'on résout d'un trait de plume du fond de son cabinet. Sans doute, en théorie, il est déplorable qu'une partie aussi notable des revenus de l'État soit absorbée par des dépenses de cette nature, alors que tant de services sont en souffrance, et nous devons appeler de tous nos vœux le moment où des réformes pourront être effectuées sur ce point. Mais la politique a ses exigences, devant lesquelles il faut se courber. Tout ce que nous pouvons dire au sujet des économies à réaliser sur ces deux ministères, c'est que, non-seulement on n'a pu jusqu'à présent obtenir de réductions, mais encore qu'une partie de l'emprunt de 429 millions qui vient d'être émis est destinée à couvrir l'excédant des dépenses de la guerre et de la marine.

Dès l'instant que les économies n'ont pas été jugées possibles sur ce point, non-seulement celles que l'on s'efforce, avec juste raison d'ailleurs, de faire sur les autres services, seront insuffisantes, mais il est deux ministères notamment, celui de la justice et surtout celui de l'instruction publique, qui, loin de pouvoir être l'objet d'économies, exigeraient au contraire une subvention plus considérable.

L'instruction publique ne figure, en effet, dans le budget de l'État, que pour une somme de 25 millions environ.

Quant au ministère de la justice, pour démontrer l'impossibilité de réaliser des économies sur ce chapitre du budget, à moins de faire des changements radicaux, tels que la suppression d'un certain nombre de Cours et de Tribunaux, il nous suffira de faire remarquer que les traitements des juges et des substituts des Tribunaux de sixième classe, qui sont les plus nombreux (204), ne se portent qu'au chiffre de 2,400 fr.

Au reste, les résultats des efforts de la Commission du budget, au point de vue des économies à opérer, disent mieux que tous les commentaires combien peu l'on doit compter sur ce moyen d'atteindre le résultat désiré : le total des économies proposées par la Commission ne s'élevait qu'à la somme de 24 millions.

Ce n'est donc pas encore à l'aide de ces ressources que l'on pourrait arriver de longtemps à l'équilibre du budget.

Arrivons à l'impôt et à l'emprunt. Pour faire face à l'excédant de dépense, on a proposé la création de nouveaux impôts; on a parlé au Corps législatif d'imposer notamment les thés, les cafés, les cacaos.

Ce moyen d'équilibrer le budget serait sans doute efficace ; mais de nouveaux impôts écraseraient le contribuable, qui paye déjà près de 1,800 millions [1], et risqueraient d'atteindre la production dans sa source.

[1] Impôts proprements dits, déduction faite du prix de revient lorsqu'il

Quant à l'emprunt, c'est sans doute le moyen le plus commode de rétablir l'équilibre dans les budgets de l'État; mais précisément sa commodité constitue un danger, en ce que l'on a tout naturellement trop de tendance à l'employer. Il présente de plus inconvénient d'engager indéfiniment l'avenir (n'oublions pas que nous ne nous occupons en ce moment que des emprunts de l'État). Quoi qu'il en soit, et à raison de sa commodité même, c'est celui auquel on a recours en définitive, et, quand le déficit est béant, on le comble à l'aide de l'emprunt.

Tels sont les moyens proposés pour arriver à ce *desideratum,* l'équilibre du budget. Le premier n'aurait pour effet que de déguiser les dépenses, le deuxième est insuffisant, le troisième et le quatrième sont dangereux. Aucun n'est à l'abri de la critique.

Mais ce n'est pas tout. Indépendamment des inconvénients que nous venons de signaler, l'affectation de ces diverses ressources aux dépenses extraordinaires présente un vice autrement grave : c'est que tous ces moyens de pourvoir à cette catégorie de dépenses sont injustes au premier chef.

Or la question de justice domine ici toute la matière, et ce reproche suffirait à lui seul pour faire rejeter toutes ces propositions et tous ces systèmes, auxquels nous reprochons le triple défaut d'être à la fois insuffisants, dangereux et injustes.

Les deux premiers points sont déjà acquis au débat par l'examen que nous venons de faire. Quant à l'injustice, elle va ressortir clairement de l'étude du budget extraordinaire, non-seulement pour l'impôt et l'emprunt, mais encore à l'égard de l'excédant de recette du budget ordinaire appliqué au payement des dépenses extraordinaires (les excédants du budget ordinaire n'étant que le produit des impôts).

Ce caractère d'injustice, une fois établi, démontrera de la

s'agit de fournitures ou de services rendus................ 1,514,279,239
Budget sur recettes spéciales (dépenses d'ordre)........ 272,959,763

1,787,238,992

(*Rapport supplémentaire de M. Busson-Billault*, annexe du procès-verbal de la séance du 30 juin 1868.)

façon la plus évidente que c'est le système adopté tout entier qui est vicieux, et qu'il importe de recourir à d'autres moyens plus conformes à la nature des choses.

IV

Disons tout d'abord quelques mots des critiques qui ont été adressées à la division du budget de l'État en budget ordinaire et budget extraordinaire. La plus radicale a été présentée par M. Thiers, dans la séance du 1er juillet 1868.

L'honorable orateur a demandé la suppression de cette division.

Cette proposition, tendant à amener la réunion des deux budgets en un seul, doit-elle être adoptée ? Avec le système financier suivi aujourd'hui, elle ne présenterait pas de bien grands inconvénients. On peut même dire qu'en l'absence d'une règle bien nette et bien précise servant de base à la classification des dépenses, et en considérant surtout les recettes affectées aux dépenses extraordinaires, recettes qui comprennent à la fois et les ressources ordinaires (excédant du budget ordinaire) et les ressources extraordinaires, on ne se rend pas facilement compte de la portée de la division actuelle.

Mais cette confusion en un seul budget de toutes les dépenses et de toutes les recettes aura-t-elle un résultat avantageux pour l'équilibre du budget ? Évidemment, non, puisqu'il ne s'agirait ici que d'une modification de forme. Aussi n'était-ce qu'au point de vue de la clarté qui devait en résulter pour l'étude de notre situation financière que l'éminent orateur présentait cette observation. Ce n'était pas là qu'il cherchait la solution.

Mais, si la réunion de toutes les dépenses en un seul budget peut être faite, dans le système financier adopté aujourd'hui, sans grands inconvénients, il ne saurait en être de même dans le système que nous proposons, qui repose tout entier précisément sur une division rationnelle des recettes et des dépenses, distinction fondamentale à nos yeux, qui, en permettant d'affecter aux dépenses d'une nature spéciale des ressources d'un caractère tout particulier, peut seule, à notre avis, amener ce résultat que nous allons vainement chercher dans le système financier actuellement en usage, la justice en matière d'impôts rétablissant l'équilibre des budgets.

D'autres critiques, mais des critiques de détail, ont été faites au sujet de la place affectée à certaines dépenses dans le budget extraordinaire. On a dit : Vous portez au budget extraordinaire des dépenses qui se perpétuent d'année en année; le caractère qu'elles avaient dans le principe, elles l'ont perdu, et elles sont devenues aujourd'hui des dépenses ordinaires. C'est donc au budget ordinaire qu'elles doivent être placées. En les plaçant au budget extraordinaire, vous faites une opération doublement dangereuse : d'abord, vous arrivez à une situation erronée dans l'équilibre du budget ordinaire : en l'allégeant de dépenses qui devraient y figurer, vous le faites se solder avec un excédant plus considérable que l'excédant réel ; ensuite cette manière d'opérer peut amener des complications fâcheuses, par suite des idées fausses qu'elle peut faire naître. Notamment dans le cas où une crise amènerait la nécessité de suspendre momentanément les dépenses extraordinaires, on se trouverait en présence, non pas de dépenses réellement extraordinaires, c'est-à-dire de dépenses qui, quoique utiles, pourraient être retardées de quelque temps, mais en présence de dépenses ordinaires devant être soldées immédiatement. Cette observation est juste avec le système actuel, mais elle n'a pas, à notre point de vue, comme nous le verrons tout à l'heure, une bien grande importance, à cause des ressources qui sont affectées au payement du budget extraordinaire et de la facilité que l'on aurait d'examiner chaque article du budget extraordinaire le jour où la nécessité exigerait l'arrêt de toute dépense dont l'exécution pourrait être retardée. Cette objection, d'ailleurs, ne saurait se présenter dans le système que nous proposerons.

V

Nous venons de dire, il n'y a qu'un instant, qu'il y avait une distinction fondamentale à établir dans les dépenses appelées aujourd'hui extraordinaires; nous avons même qualifié cette distinction de rationnelle. C'est que, en effet, en examinant attentivement la nature des dépenses, en recherchant les services qu'elles sont appelées à rémunérer, les travaux auxquels elles s'appliquent, on s'aperçoit immédiatement de l'injustice et des dangers de la théorie adoptée jusqu'à ce jour pour se procurer les ressources qu'on y affecte.

Les dépenses qui composent le budget extraordinaire ne sont pas toutes de même nature : les unes sont destinées à parer aux nécessités du moment, nécessités qui disparaissent avec la cause qui les avait amenées ou produisent des résultats qui sont appelés à durer quelques années seulement ; d'autres, au contraire, sont affectées à des opérations qui doivent être aussi utiles aux générations futures qu'à la génération actuelle. Est-il juste de ne faire qu'une seule classe de ces dépenses ? Est-il rationnel d'affecter, ainsi que cela a lieu aujourd'hui, comme nous le verrons bientôt, les mêmes ressources à des dépenses d'une nature aussi différente ? Non. C'est là qu'est la cause de tout le mal que nous ressentons aujourd'hui ; c'est là que doit se trouver le remède que nous indiquent les règles de l'équité, trop longtemps méconnues en ces matières.

Les dépenses peuvent donc se diviser en deux catégories, correspondant à la durée des résultats qu'elles sont destinées à produire : l'une comprenant les dépenses d'une utilité permanente, l'autre les dépenses d'une utilité temporaire.

C'est cette distinction qui, d'après moi, devrait servir de base à la classification des dépenses, et qui devrait être établie avec le plus grand soin dans un budget méthodiquement et rationnellement divisé. Elle n'est cependant pas suivie par nos hommes d'État. Sans doute cette distinction, tirée des effets mêmes des dépenses, ne leur a pas échappé, et souvent ils se sont basés sur ce caractère pour les faire adopter ou pour justifier la nécessité de recourir à l'emprunt, ou encore pour répondre à l'accusation de faire des dépenses exagérées.

Mais faire de la nature des dépenses la base d'un système financier; faire de cette classification le principe de la division du budget, en mettant d'un côté les dépenses d'une utilité temporaire dans le budget ordinaire et en ne composant le budget extraordinaire que des dépenses ayant une utilité permanente, c'est ce dont on ne s'est pas encore occupé [1].

C'est là cependant, à mon avis, que se trouve le seul moyen efficace d'arriver à l'équilibre du budget sans se heurter contre les inconvénients que nous avons signalés. C'est la nature même des dépenses qui indique et doit indiquer la nature des ressources qui doivent leur être appliquées, et, en suivant cette marche rationnelle, on évitera le résultat auquel on arrive aujourd'hui dans l'affectation des ressources extraordinaires au payement de ces dépenses et qui peut se résumer en deux mots, insuffisance et injustice, ainsi que nous allons le voir en examinant le budget des recettes affectées au payement des dépenses extraordinaires.

VI

Le budget des recettes extraordinaires, dans le système suivi de nos jours, se compose des ressources suivantes :

1° Excédant de recettes du budget ordinaire ;

2° Impositions spéciales ;

3° Ressources extraordinaires ;

[1] Il est facile de se rendre compte de ce fait, qui peut surprendre au premier abord. Ce n'est, en effet, que depuis ces dernières années que la grande impulsion donnée aux travaux publics, en exigeant des sommes considérables, a fait se manifester peu à peu, dans toute leur évidence, les dangers du système financier suivi jusqu'à ce jour.

4° Enfin, quand ces ressources sont insuffisantes, ce qui arrive habituellement, on a recours à l'emprunt.

Cette manière d'opérer présente le double inconvénient d'être à la fois et injuste et dangereuse, comme nous allons le voir en examinant successivement ces quatre sources de revenu et la destination qu'ils devraient recevoir.

Les recettes ordinaires sont naturellement destinées à faire face aux dépenses ordinaires, au payement des intérêts et à l'amortissement des dettes anciennes, et, s'il y a un excédant, une partie doit être réservée pour parer aux éventualités qui peuvent se présenter dans le courant de l'année, éventualités qui, il faut bien le reconnaître, arrivent régulièrement, et ont nécessité la création d'un budget spécial, appelé budget rectificatif, additionnel ou supplémentaire.

Une fois ces divers services assurés et ces réserves constituées pour les cas imprévus, s'il y a encore un excédant de recette, quelle destination doit-on lui donner?

Si les divers services dont l'État est chargé à tort ou à raison, mais auxquels en définitive il est dans la nécessité de pourvoir, sont suffisamment dotés, cet excédant est disponible; dans le cas contraire, cet excédant doit servir à améliorer les services en souffrance. Le gouvernement, en effet, chargé par la délégation de la nation de pourvoir aux besoins de certains services, doit appliquer à ces services les sommes qu'il reçoit dans ce but; leur donner une autre destination, ce n'est pas remplir exactement le mandat qui lui a été confié.

En supposant qu'il n'y ait plus rien à faire dans ce sens, à quoi devrait servir cet excédant? Il devrait, après avoir servi à constituer une réserve pour les dépenses imprévues, être employé à dégrever le contribuable en allégeant ou en supprimant les impôts, ou à amortir la dette consolidée.

Est-ce ainsi que l'on opère?

Non. Après avoir consacré, et souvent pour la forme, une faible somme à l'amortissement dans le budget ordinaire, on affecte tout l'excédant des recettes aux dépenses extraordinaires.

Il y a d'abord un premier danger et un premier inconvénient : c'est que, en consacrant tout l'excédant à des travaux extraordinaires, on se trouve dans l'impossibilité d'effectuer la moindre dépense imprévue, et cependant chaque année il s'en présente et doit s'en présenter dans un pays de l'étendue de la France.

En outre, cette manière de procéder, qui consiste à affecter l'excédant des revenus aux travaux extraordinaires, est souverainement injuste. L'excédant des ressources ordinaires doit servir à payer l'intérêt des sommes employées aux travaux publics et leur amortissement, mais ne doit pas payer ces sommes elles-mêmes lorsqu'elles s'appliquent à des travaux publics d'une utilité permanente, suivant la distinction que nous avons établie.

Ces travaux, en effet, ainsi que nous l'avons dit, ne sont pas destinés à disparaître avec la génération présente; leur avantage et leur utilité sont aussi grands pour les générations à venir, qui seraient obligées de les effectuer si elles ne les trouvaient pas exécutés. Or, qu'une génération doive payer les dépenses dont elle profite seule, en ce sens que leur utilité disparaîtra avec cette même génération, rien de plus juste; mais mettre à la charge d'une seule génération, payer avec ses deniers tous ces grands travaux publics dont la situation économique de la France demande la création simultanée en ce moment, est une criante injustice, car le résultat de ce système peut se traduire par ces mots: écraser le présent dans l'intérêt de l'avenir.

Il est une comparaison que l'on fait souvent en ces questions de finances et de budget. On prend pour exemple un bon père de famille et l'on dit, pour justifier la marche adoptée: Un bon père de famille n'emprunte pas pour exploiter ses propriétés; s'il y a des améliorations à effectuer, il économise, et c'est avec le produit de ses économies qu'il réalise ces améliorations.

Cette comparaison, appliquée à l'État, peut être juste pour les dépenses d'amélioration et d'entretien, mais, appliquée aux travaux d'utilité permanente, elle est tout à fait inexacte. Demander au contribuable de quoi payer entièrement une dépense dont le résultat sera aussi avantageux dans l'avenir que dans le présent; prendre l'excédant des revenus pour l'appliquer à cette dépense au lieu de l'employer à l'amélioration des divers services ou à l'allégement des charges existantes; faire, dans le présent, tous les frais d'une dépense dont doit jouir l'avenir, ce n'est pas agir en bon père de famille.

Que dirait-on de celui qui, pour procurer à sa seconde ou à sa troisième génération toute sorte de jouissances gratuites, ferait travailler ses enfants sans relâche, leur enlèverait la plus grande partie du produit de leur travail, ne leur laissant que le strict nécessaire, sans leur accorder le moindre bien-être; et le tout pour employer la plus grande somme possible à des opérations dont il voudrait faire gratuitement profiter sa postérité la plus reculée?

On trouverait souverainement inique cette conduite, qui aurait pour effet d'exploiter de la sorte la génération présente au bénéfice de la génération future. C'est cependant cette marche que l'on suit aujourd'hui dans la composition du budget extraordinaire, en affectant aux dépenses extraordinaires d'un intérêt permanent l'excédant des ressources du budget ordinaire, c'est-à-dire le produit des impôts, au lieu de s'en servir, soit à doter plus avantageusement les services en souffrance, soit à dégrever le contribuable en allégeant les charges qui pèsent sur lui.

Il importe, d'ailleurs, de faire une remarque : c'est que les fonds disponibles provenant de l'excédant du budget ordinaire, loin d'augmenter, doivent avec ce système diminuer d'année en année. Il est incontestable, en effet, que les travaux en cours d'exécution, une fois achevés, nécessiteront des dépenses d'entretien de plus en plus considérables, dépenses qu'il faudra désormais porter au budget ordinaire, ce qui tendra à rapprocher d'autant les deux termes du budget.

Ainsi, indépendamment de l'injustice de l'affectation de

l'excédant des recettes aux dépenses extraordinaires, du danger qu'il y a à ne pas garder chaque année un fonds de réserve suffisant pour les dépenses imprévues qui se produisent chaque année, on arrivera à une impossibilité dans un temps plus ou moins rapproché : l'insuffisance de ce genre de ressource. Il importe donc de chercher ailleurs un remède à cette situation.

Ce que nous venons de dire de l'injustice de l'affectation des revenus ordinaires aux dépenses extraordinaires démontre, *à fortiori*, l'injustice du système qui consisterait à établir des impositions spéciales ou qui proposerait la création de nouveaux impôts, et nous dispense d'entrer dans de plus longs développements à cet égard.

La troisième catégorie de ressources affectées aux travaux extraordinaires se compose de différents revenus d'un caractère particulier, et qui, ainsi que le nom l'indique, sont des recettes sur la périodicité et la permanence desquelles on ne doit pas compter.

Les unes sont les indemnités résultant de certaines guerres, telles que l'indemnité de la Chine, de la Cochinchine, du Japon, l'indemnité du Mexique (quand elle existait) ; les autres sont le produit de l'aliénation de biens de l'État.

Ces ressources, peu importantes d'ailleurs, doivent-elles légalement être affectées aux travaux publics ?

Non. Injustice et danger, tels sont encore les inconvénients de cette affectation.

Injustice, parce que ces indemnités, résultant d'opérations aussi onéreuses que l'est la guerre pour la génération qui y prend part, devraient rationnellement être affectées à diminuer les charges que ces mêmes guerres ont occasionnées, et devraient servir à faire disparaître les aggravations d'impôts, ou, s'il n'y en a pas eu, servir à amortir d'autant les emprunts qu'elles ont nécessités et qui grèvent l'avenir.

Le danger d'employer les biens de l'Etat à des dépenses d'une utilité permanente est celui-ci : c'est que ce genre d'aliénation doit, sous un gouvernement prévoyant, être réservé pour des cas tout à fait extraordinaires et imprévus, comme dernière ressource, en présence de besoins urgents, amenés par des nécessités ou des calamités devant lesquelles la prudence humaine est impuissante; pour les cas, en un mot, où, le crédit public étant gravement compromis ou fortement ébranlé, l'appel fait aux capitaux par l'État ne serait pas entendu.

Enfin, reste l'emprunt. C'est pour l'État le moyen le plus simple de se procurer des capitaux; mais, appliqué à des dépenses autres que celles que nécessite une guerre soutenue pour assurer l'indépendanee du pays, il présente, d'après nous, deux inconvénients : le premier, c'est que recourir à l'emprunt en rente perpétuelle pour couvrir les déficit du budget, sans faire la distinction que nous avons proposée, est une injustice, en ce qu'on arrive par ce moyen à faire supporter indéfiniment par les générations à venir des dépenses d'une utilité tout à fait temporaire. En second lieu, recourir à l'emprunt, même pour des dépenses d'une utilité permanente, est encore injuste; car, ces dépenses n'ayant pas une utilité indéfinie, c'est faire supporter et payer par les générations futures des dépenses qui dans deux ou trois siècles d'aujourd'hui n'auront pour elles d'autre intérêt qu'un intérêt historique. C'est enfin préparer à l'avenir une situation de plus en plus obérée. Le service des intérêts de la dette consolidée s'élève aujourd'hui à la somme de 360 millions, ce qui représente un capital de 8 à 9 milliards.

Ainsi, en résumé, nous venons de voir que le système suivi jusqu'à ce jour pour le budget de l'Etat présente de graves inconvénients. Or, si nous jetons les yeux sur les budgets des départements et des communes, nous allons voir ces mêmes inconvénients se reproduire, et même avec un intensité beaucoup plus considérable.

VII

Pour ne pas prolonger inutilement ce travail, ne nous occupons que des budgets des communes, et plus spécialement des communes urbaines. Les communes, à raison des nouveaux besoins qu'amène progressivement avec elle la civilisation, se sont trouvées toutes ou presque toutes avoir à exécuter des travaux de la plus grande utilité, soit pour satisfaire le bien-être de leurs habitants, soit pour activer la production ou permettre l'écoulement des produits. Les villes surtout, par suite de l'augmentation de leur population, se sont trouvées en présence de nécessités auxquelles il a fallu ou il faut encore pourvoir. Il est d'autant plus indispensable d'y faire droit que les exigences deviennent plus pressantes avec l'augmentation du bien-être et du progrès; de telle sorte que beaucoup de dépenses qui autrefois auraient été considérées comme des dépenses purement voluptuaires sont aujourd'hui des dépenses de première nécessité. Bien plus, les communes et les départements rivalisent de zèle pour se mettre à même d'accroître leur production, zèle dont la dernière manifestation se résume en ce moment dans la création de chemins de fer départementaux ou d'intérêt local.

Indépendamment des travaux nouveaux que les nouveaux besoins exigent, l'amélioration des services anciens exige aussi de nouvelles dépenses. Les villes ont besoin aujourd'hui de rues plus spacieuses pour donner passage à une circulation beaucoup plus active; l'eau doit être plus abondante; le pavage, l'éclairage des rues, doivent être améliorés. En d'autres termes, des besoins de bien-être ont pénétré dans les populations à mesure que l'aisance est entrée dans leurs demeures. Telles sont les exigences de la situation nouvelle. Examinons en quelques mots le genre de recette appelé à couvrir ces dépenses.

Mais auparavant faisons une remarque générale sur la nature

des dépenses extraordinaires entreprises par les communes. Ici, sur presque tous les articles, nous allons trouver le caractère d'utilité permanente. Qu'il s'agisse de la confection d'un aqueduc pour amener les eaux à une ville, de la construction d'une église, d'un temple, d'écoles ou de lycées, du percement de rues nouvelles, de la création de places ou de promenades, de l'établissement d'un réseau d'égouts ou de routes nouvelles, de chemins de fer d'intérêt local ou encore de docks, il s'agit de travaux extraordinaires, dont doivent profiter les générations à venir aussi bien que la génération présente. Or le moindre de ces travaux s'élève à un chiffre hors de toute proportion avec le budget total d'une commune. Il est donc à croire qu'un système particulier est adopté pour pourvoir à ces dépenses, qui sont une charge bien plus lourde pour de faibles budgets que ne peuvent l'être les travaux extraordinaires entrepris par l'État avec un budget de plus de 1,600 millions.

Nous allons voir le contraire, et si nous sommes arrivés, en traitant la question au point de vue du budget de l'État, à cette conclusion, insuffisance et injustice, combien, à plus forte raison, vont se montrer encore plus effrayants les inconvénients et les dangers à l'égard du budget des communes, qui n'ont pas la dernière ressource si commode de l'Etat : l'emprunt par la dette consolidée. C'est ce qui va ressortir, avec la dernière évidence, de l'examen rapide des ressources qui composent le budget des communes.

VIII

Le budget des communes, tant ordinaire qu'extraordinaire, ne se compose normalement, dans la situation actuelle, que des ressources ordinaires ou des ressources demandées à des impôts nouveaux.

C'est donc avec ces ressources ordinaires, ou à l'aide d'impositions nouvelles, que les communes sont dans la nécessité d'exécuter ces travaux, soit en totalité, soit pour la partie à leur charge, quand l'État ou le département y contribuent [1].

Nous retrouvons donc tout d'abord en première ligne les inconvénients que nous avons signalés dans l'emploi des ressources ordinaires aux travaux d'utilité permanente entrepris par l'État, et nous les trouvons encore plus palpables en considérant la seconde source de recettes (les impositions nouvelles), devant laquelle recule avec juste raison l'État.

Ainsi, injustice des plus flagrantes, charge écrasante sur la génération actuelle, pour des dépenses qui seront profitables aux générations futures, qui en jouiront sans rien débourser, alors que l'on aura accablé la génération présente.

Mais, me dira-t-on, vous oubliez l'emprunt, que ne se font pas faute d'employer les communes. Il n'y a qu'à voir le nombre de projets qui sont présentés chaque année au Corps législatif, pour être convaincu de l'efficacité du moyen.

Je n'oublie pas l'emprunt; mais il n'est pas une ressource pour les communes. C'est sans doute le seul moyen qu'elles ont de pourvoir à ces dépenses en se procurant des fonds qu'elles ne peuvent trouver dans leurs budgets ordinaires, mais ce n'est pas une ressource nouvelle.

Il importe, en effet, de ne pas oublier la différence énorme qui sépare l'emprunt de l'État de l'emprunt des communes. Pour l'État, l'emprunt est une ressource, parce qu'après avoir inscrit sur le grand-livre de la dette publique le chiffre de son emprunt, il ne fait que porter pour l'avenir au budget ordinaire le chiffre de la rente à payer aux emprunteurs nouveaux, et ne se préoccupe pas autrement du remboursement du capital. Pour les communes, il n'en est pas ainsi : l'emprunt n'est pour elles qu'un moyen de réaliser immédiatement les recettes de dix, vingt ou trente ans, suivant la durée du temps que leur

[1] Sans doute, les ressources ordinaires ont augmenté : les octrois surtout et les marchés donnent des revenus plus élevés, soit par suite de l'élévation de leurs tarifs, soit par suite de l'augmentation de la consommation. Mais, quelle qu'ait été cette augmentation, elle est insignifiante en présence des nouveaux besoins auxquels elle est appelée à pourvoir.

accorde la loi autorisant l'emprunt. Mais, par ce fait, ce n'est pas seulement l'intérêt de ces sommes empruntées que devront payer les recettes immobilisées au service de l'emprunt; elles doivent pourvoir non-seulement au payement des intérêts, mais encore au payement du capital, qui doit être remboursé à l'expiration de ce terme.

L'emprunt n'est donc pour les communes que la réalisation actuelle des ressources ordinaires de l'avenir, quand on n'est même pas obligé de recourir en outre à des impositions nouvelles, ce qui est cependant la règle commune.

Et, qu'on le remarque bien, ce n'est pas par inadvertance que nous disons que l'emprunt est la réalisation immédiate des ressources ordinaires et extraordinaires de la commune. C'est que, en effet, et c'est là une des causes des impossibilités auxquelles on arrive en matière de gestion des deniers communaux, les emprunts des communes autorisent bien la perception d'un impôt extraordinaire, mais cet impôt est insuffisant non-seulement pour faire face au remboursement du capital et des intérêts, mais même au remboursement du capital seulement. Les lois, en effet, qui autorisent de pareils emprunts, estiment le rendement approximatif des ressources extraordinaires qu'elles affectent au payement de l'emprunt, capital et intérêts, et ces ressources totalisées arrivent rarement à la moitié du capital de l'emprunt et presque jamais aux deux tiers; le reste est à la charge des ressources ordinaires, sans parler encore du service des intérêts, qui est entièrement à prélever sur les ressources ordinaires.

En d'autres termes, une chose dont on ne se rend pas assez compte et que ne comprennent pas les personnes qui sont étrangères à ces questions de finances, c'est que l'emprunt d'une commune n'est pas couvert avec les ressources spéciales qui y sont affectées, mais que la plus grande partie de la dépense doit être effectuée à l'aide des ressources ordinaires.

C'est cependant ce qui se trouve dans toutes les lois d'emprunt. On y lit, en effet, cette clause aujourd'hui de style dont voici le sens: Le montant de cette imposition (l'imposition des centimes extraordinaires ou les surtaxes de l'octroi) servira avec d'autres ressources, et avec un prélèvement sur les recettes ordinaires, à compléter les ressources nécessaires tant à l'exécution des travaux qu'au remboursement de l'emprunt en capital et intérêts.

Si nous prenons, pour exemple, l'emprunt de 2,500,000 fr. de la ville d'Elbœuf, remboursable en vingt-cinq ans, à l'aide d'une imposition extraordinaire de 15 cent. pendant le même temps, les revenus ordinaires devront faire face non-seulement au payement des intérêts de ces 2,500,000 fr. pendant vingt-cinq ans, mais il faudra encore prélever sur ces mêmes revenus la somme nécessaire pour compléter le payement du capital, à concurrence de la différence entre 2,500,000 fr., montant de l'emprunt, et 1,312,500 fr., estimation du produit des 15 cent. additionnels pendant vingt-cinq ans; c'est-à-dire 1,187,500 fr. à prélever sur les ressources ordinaires en vingt-cinq ans, ou chaque année 47,500 fr.; ce qui, avec 112,400 fr. par an pour les intérêts de 2,500,000 fr. à 4 $^1/_2$, fait une dépense annuelle de 160,000 fr., à prélever sur les ressources ordinaires, indépendamment du produit des ressources extraordinaires, des 15 centimes additionnels au principal des quatre contributions indirectes.

Loin d'être donc pour elles une ressource, les emprunts des communes constituent, au contraire, une charge des plus lourdes, et qui, absorbant le plus net de l'excédant des revenus, aboutit à cette impossibilité sur laquelle nous avons déjà insisté tant de fois.

L'emprunt des communes à court terme présente donc le même caractère d'injustice que l'emploi des recettes ordinaires ou des impositions nouvelles au payement des travaux d'utilité permanente.

Ce n'est pas tout: il est un autre aspect de la question qui rend cette injustice encore plus flagrante. Indépendamment des dépenses dont le système actuel décharge l'avenir pour les mettre à la charge du présent, mode de procéder qui fait jouir gratuitement les générations futures des sueurs de la génération présente, il y a une iniquité plus criante encore. En effet, tous les travaux appelés d'utilité publique ne sont pas des moyens de production indirecte, se traduisant par des résultats intellectuels ou moraux et ne donnant rien au point de vue pécuniaire ; la plupart, au contraire, et des plus importants, donnent des revenus considérables.

Nous pouvons citer notamment les halles, les marchés et les abattoirs, pour la location des places ; les aqueducs, pour les concessions d'eau ; les cimetières, pour les concessions de terrain. Nous en dirons autant pour les ports, les docks, etc. Enfin, sans parler des résultats avantageux que peuvent avoir l'amélioration et l'embellissement d'une ville en y attirant les étrangers, nous rappellerons une autre source de revenus indirects, consistant dans la non-location des immeubles qui seraient nécessaires aux divers services publics, s'ils n'étaient placés dans des établissements construits aux frais de la commune.

Ainsi, non-seulement le système suivi jusqu'à ce jour est injuste en ce qu'il met à la charge du présent des dépenses qui intéressent tout autant et peut-être même plus l'avenir (car ce qui est pour notre génération un acte de prévoyance serait le plus souvent pour les générations futures une nécessité), mais encore en ce que les sueurs de la génération actuelle n'ont pas seulement pour effet d'éviter ces dépenses à nos successeurs, mais encore de leur procurer gratuitement des revenus considérables. En d'autres termes, non-seulement ils ne supporteront aucune charge, mais ils retireront de grands profits.

Injustice doublement flagrante de notre système financier.

IX

Cette obligation imposée par le système actuel d'effectuer les travaux extraordinaires avec les ressources ordinaires du présent et les ressources de l'avenir pendant quelques années, à part le caractère d'injustice qu'elle présente, aboutit, en outre, à des impossibilités.

D'une part, en effet, la nécessité de pourvoir aux dépenses nouvelles ; de l'autre, l'insuffisance des ressources, ont imposé l'obligation d'examiner de près tous les chapitres du budget ordinaire; et ce n'est qu'en les dotant avec la plus stricte économie, ce n'est qu'en les réduisant de la manière la plus fâcheuse à leur service, que l'on a pu arriver à se procurer un excédant de recette qui permît de présenter une situation budgétaire satisfaisante pour l'obtention de la loi d'emprunt, en établissant la possibilité de faire face et au payement des intérêts et à l'amortissement dans le temps accordé.

Aussi quelle est la situation de la plupart des communes? Les économies réalisées sur les différents services, pour être affectées aux travaux publics, ont amené pour les communes qui se sont décidées à entrer dans la voie du progrès les résultats suivants : impositions poussées à leur extrême limite ; immobilisation de leurs ressources, c'est-à-dire indisponibilité de leurs revenus pendant une période de temps plus ou moins longue; équilibre du budget obtenu à l'aide de toutes sortes d'expédients financiers; impossibilité d'affecter la moindre somme, soit à des besoins nouveaux qui surgissent, soit même à une dépense imprévue et d'un caractère tout à fait exceptionnel, telle qu'une inondation, une famine ou toute autre calamité, ou du moins nécessité pour l'obtenir de suspendre telle ou telle dépense utile, et, partant, inachèvement indéfini des travaux. Pendant ce temps, tous les services sont en souffrance : toutes les dépenses d'entretien auraient besoin d'une subvention presque double de celle qui est portée au budget. Les dépenses d'amélioration sont complètement négligées[1], et, quant aux traite-

[1] Quand nous parlons de dépenses d'amélioration et d'entretien, il ne faut pas croire qu'il s'agisse toujours de dépenses d'une minime importance.

D'abord, par suite de la dotation incomplète des services dans beaucoup de communes depuis longues années déjà, les dépenses d'entretien ont été tout à fait insuffisantes, et aujourd'hui, pour presque tous les cas, les réparations d'entretien, négligées depuis longtemps ou insuffisamment faites faute de fonds, nécessitent de grosses réparations.

En second lieu, les besoins ayant augmenté, les dépenses d'amélioration pourraient mieux se nommer peut-être dépenses d'augmentation ou d'ac-

ments des employés des administrations municipales, à cause de la cherté des choses nécessaires à la vie, ils devraient être augmentés dans de notables proportions. Il en est, et en grand nombre, dont les appointements sont insuffisants pour leur permettre de pourvoir matériellement à leur entretien et à celui de leur famille.

Et cependant les exigences des contribuables augmentent, et leur insistance ne saurait être considérée comme déraisonnable. Les idées économiques commençant à pénétrer dans les masses, les contribuables comprennent mieux le rôle que doit légitimement remplir l'impôt, et, si cette théorie de la distinction des dépenses d'utilité permanente et des dépenses d'utilité temporaire n'est pas nettement formulée dans leur esprit, ils s'en rendent instinctivement compte et leurs plaintes en portent le cachet.

Nous payons, disent-ils, assez d'argent sous toute forme à la commune, pour qu'elle augmente notre bien-être. Les grands travaux que vous entreprenez sont utiles sans doute; mais, avant de les entreprendre tous à la fois, commencez par les dépenses nécessaires ou faites-les en même temps. Améliorez le pavé des rues et les trottoirs, doublez le nombre de nos fontaines, occupez-vous de l'entretien de nos promenades et ne laissez pas dépérir nos monuments, qui, le jour où, après

croissement. C'est ainsi que, par l'effet des progrès de la civilisation, le besoin d'instruction s'est fait sentir davantage. De là nécessité d'agrandir et de multiplier les écoles et autres édifices consacrés à l'instruction publique; chose d'autant plus nécessaire que, au point de vue de la santé et de la vigueur de la génération future, il est dangereux d'entasser dans des locaux insuffisants toute une génération dont l'étiolement aurait les plus funestes conséquences.

De même, l'augmentation de la population dans les villes rend les hospices, ou tout au moins la subvention donnée par les communes à ces établissements, tout à fait insuffisants.

Enfin cet accroissement de population amène des agglomérations d'habitations en dehors des villes proprement dites. De là création de faubourgs ou de nouveaux quartiers, dont les habitants réclament des églises, de l'eau et du gaz, des égouts, etc., dépenses qu'il faut tôt ou tard exécuter, et dont la plupart sont d'autant plus onéreuses que, devant être faites dans des quartiers excentriques, les frais de premier établissement sont très-considérables.

avoir trop longtemps attendu, vous voudrez enfin les réparer, exigeront des dépenses excessives, qui eussent été prévenues par des dépenses d'entretien; donnez une plus grande extension à l'arrosage, augmentez l'éclairage, toutes choses qui sont pour nous d'une utilité actuelle et indispensable et dont nous jouirons, au lieu d'exécuter, dans l'intérêt des générations futures, des travaux dont vous nous faites supporter toute la charge. De quel droit nous sacrifiez-vous dans l'intérêt de l'avenir? Ces grands travaux, nos successeurs les feront s'ils les veulent. Pour nous, nous voulons que notre argent soit employé à nous procurer de nouvelles commodités. Si nous payons, nous voulons jouir pour notre argent.

Ce raisonnement est-il de tout point erroné? Non. Sans doute, on ne devrait pas écouter ces plaintes en tant qu'elles tendraient à arrêter le grand mouvement imposé par la nécessité de placer la France dans les meilleures conditions possibles au point de vue de la production (en prenant toujours ce mot dans son acception la plus large et en y comprenant la production intellectuelle, matérielle et morale); mais il n'en est pas ainsi de leurs autres réclamations.

On ne peut rien leur répondre quand ils demandent à ne pas supporter seuls les dépenses faites autant dans l'intérêt de l'avenir que dans l'intérêt du présent. Et, quand ils réclament l'amélioration des divers services, une seule réponse peut leur être faite : c'est l'exécution de ces améliorations.

Or cette exécution est-elle possible dans l'état actuel des budget des communes et avec le système financier adopté? Non. Il nous serait facile de citer bon nombre de communes dont les budgets, équilibrés avec la plus grande difficulté, ne permettent pas en l'état d'allouer un crédit des plus minimes à tel ou tel service, où l'on est obligé de refuser une fontaine à un quartier qui en a besoin, et où l'on ne peut accepter telle ou telle rue nouvelle à cause des dépenses que nécessiterait cette acceptation.

Et, d'un autre côté, si l'on examine les charges qui pèsent

sur les contribuables, on peut dire sans exagération qu'elles sont des plus lourdes. Il n'y a pour s'en convaincre qu'à jeter les yeux sur un budget quelconque.

Indépendamment des cinq centimes additionnels au principal des contributions foncière et mobilière, pour dépenses communales;

Des trois centimes additionnels au principal des quatre contributions directes pour l'instruction primaire;

Des cinq centimes au principal des quatre contributions directes pour les chemins vicinaux;

Des trois centimes additionnels pour frais de perception des impositions communales, nous trouvons, en dehors des ressources affectées à ces dépenses spéciales, de nouveaux impôts extraordinaires sous les formes les plus diverses: d'abord les impositions extraordinaires des centimes additionnels au principal des quatre contributions directes, qui s'élèvent pour certaines villes à 20, chiffre maximum autorisé par la loi. Il en est ainsi notamment pour les villes de Rouen, de Caen, d'Annecy, de Bastia, etc. Nous trouvons, en outre, les surtaxes d'octroi, les surtaxes sur les alcools, les surtaxes sur les farines, etc., etc.

Voici d'ailleurs, à ce sujet, quelques chiffres puisés dans le compte de gestion d'un maire d'une ville importante du nord de la France. Pour faire saisir à ses concitoyens la situation des finances de la cité, cet administrateur a fait faire un tableau sur un nombre considérable de budgets de différentes villes, et il est arrivé aux moyennes suivantes: la moyenne de l'octroi, par tête d'habitant imposé, est de 17 francs 06 centimes; les dettes communales ressortent dans ces villes, en moyenne, pour le capital, à 75 francs 69 centimes par contribuable; enfin la moyenne des centimes additionnels est de 13,55 pour 100.

Telle est la situation, et, remarquons-le bien, il ne s'agit ici que de moyennes. Beaucoup de villes qui, jusqu'à présent, ont reculé devant les travaux publics à effectuer, vont être obligées d'entrer dans cette voie, sous peine d'être dans une condition d'infériorité vis-à-vis des villes voisines et de tomber en décadence, responsabilité dont leurs administrateurs ont raison de se préoccuper ; et, du jour où les circonstances ou leurs ressources leur permettront de suivre dans cette voie leurs devancières, le chiffre de cette moyenne s'élèvera dans une forte proportion.

Et cependant, malgré les lourdes charges qui pèsent sur les contribuables et le chiffre élevé des sommes qu'elles procurent aux communes, malgré les excédants des recettes ordinaires sur les dépenses de même nature, on reconnaît une souffrance générale dans la plupart des services.

C'est qu'en effet, quelque élevés que soient les revenus ordinaires et extraordinaires des villes, les sommes disponibles sont insuffisantes pour pourvoir à la fois et aux travaux d'amélioration et d'entretien et aux nouveaux travaux, les travaux nouveaux absorbant et les produits des ressources extraordinaires et une partie considérable des ressources ordinaires, par suite du système financier adopté en matière d'emprunts communaux.

Ainsi, en résumé, impossibilité et injustice, tel est le résultat auquel on arrive en examinant la situation des communes et les principes suivis en matière de finances.

Et, qu'on le remarque bien, il ne s'agit pas ici de la situation budgétaire d'une commune pendant une année. Cette situation, qui empire et ne peut qu'empirer, n'est pas momentanée : c'est dix, quinze, vingt ans et même, par extraordinaire, quelquefois plus, toutes choses restant en l'état, qu'elle durera pour les villes qui ont commencé à exécuter de grands travaux ; et elle durera tout autant pour les autres du jour où elles se décideront à entrer dans cette voie, si l'on suit le même système financier.

Mais, dira-t-on, cette manière d'opérer produit ce résultat si avantageux qu'au bout de ces dix, quinze ou vingt ans, la situation financière de la commune sera toute liquidée, et que, à l'expiration de ce terme, on se trouvera en présence d'excédants considérables. Oui, mais comment administrer une commune tant soit peu importante, pendant une période de dix ou de vingt ans, avec un budget fixé d'avance pendant ce même laps de temps, sans avoir une somme de quelques mille francs que l'on puisse détourner de son affectation arrêtée depuis dix ans? Comment résister aux demandes si justes d'amélioration et d'entretien qui se présentent pendant cet espace de temps, avec une insistance qui s'affirme d'autant plus que le besoin s'en fait plus sentir, et, d'un autre côté, comment y faire droit? Comment enfin accepter la responsabilité d'une pareille administration sans avoir de quoi parer aux dépenses imprévues qui, dans une période de temps aussi considérable, se présenteront en foule?

Puis, d'ailleurs, toujours cette question de justice qui se dresse de toute sa hauteur. De quel droit surcharger pendant dix, vingt ou trente ans, les contribuables, pour qu'au bout de ce temps la génération de cette époque ait de grandes ressources, lui permettant de se procurer des commodités de toute sorte dont on prive la génération présente?

Non, ces résultats que l'on vante ne peuvent me séduire, car ils reposent sur l'injustice la plus criante.

Ainsi, par rapport à la situation budgétaire des communes, le système financier amène à des résultats encore plus fâcheux que ceux que nous avons signalés en nous occupant du budget de l'État. Il importe donc de sortir au plus tôt de cette impasse.

Y a-t-il un moyen pratique de résoudre ce problème? Nous le croyons : l'examen des diverses dépenses, qui nous a indiqué une distinction toute naturelle et résultant de la nature même des choses, doit nous tracer la route à suivre pour trouver la solution.

Puisque, en négligeant ce point de vue de la question, on arrive aux impossibilités que nous venons de constater, il est assez naturel de penser que c'est en suivant un système tout différent, qui aurait pour base l'équité, que l'on doit trouver le moyen d'échapper à cette situation.

Résumons en quelques lignes tout ce qui précède ; cet exposé rapide nous permettra de préciser la question et de bien définir le programme que doit remplir le système cherché.

Sans vouloir prétendre que toutes les dépenses qui ont pu être faites partout soient des dépenses utiles, quoique les critiques sur ce point aient été fort exagérées, et ne m'occupant que des dépenses réellement utiles, je suis parti de ce point, que l'impulsion donnée aux travaux publics extraordinaires, soit par l'État, soit par les communes, est nécessitée par la situation actuelle.

Indépendamment des travaux nouveaux à faire ou à terminer, nous avons vu qu'il y avait, d'autre part, des dépenses considérables d'entretien et d'amélioration à opérer, et que, d'un autre côté, divers services dans le budget de l'État, notamment l'instruction publique, la magistrature et les petits employés des diverses administrations, étaient insuffisamment dotés, et que, dans le budget des communes, tous les services du budget ordinaire étaient en souffrance.

En présence de cette double cause de dépenses auxquelles il faut pourvoir, nous avons dû examiner les ressources.

Laissant en dehors de notre examen les budgets de la guerre et de la marine, sur lesquels il serait bien à désirer que l'on pût faire des réductions très-considérables, nous avons vu qu'il ne fallait pas compter sur de grandes économies à réaliser dans le budget de l'État, et que, pour le budget des communes, loin de pouvoir faire des économies sur le budget ordinaire, il était de toute nécessité d'élever au contraire le chiffre de sa dotation, en laissant à ce budget ses excédants au lieu de les affecter aux travaux publics.

Nous avons constaté également que, à cause des nouveaux besoins, les excédants des ressources ordinaires ne sauraient suffire à ces dépenses, et que vouloir s'en tenir au principe de ne consacrer aux dépenses extraordinaires que les excédants des budgets ordinaires était vouloir se heurter à des impossibilités matérielles, et renvoyer à plusieurs siècles d'aujourd'hui l'achèvement des travaux dont la situation économique de la France exige la confection immédiate.

Passant aux autres moyens de se procurer des ressources, et laissant de côté l'aliénation des biens de l'État et des communes, qui doivent être réservés pour certaines éventualités déterminées, et qui, d'ailleurs, ne seraient qu'une bien faible ressource, nous sommes arrivé aux impôts et aux emprunts. Nous avons constaté que les impôts seraient une ressource efficace, mais qu'à raison des charges considérables qui pèsent sur les contribuables, le gouvernement doit s'abstenir de recourir à un pareil moyen, qui, indépendamment de son impopularité, risquerait d'atteindre la production dans sa source; quant aux communes, elles usent déjà des impôts indirects sur une si grande échelle, qu'il serait très-dangereux pour elles de les augmenter; elles finiraient, en élevant les prix, par restreindre la consonsommation, et, par suite, elles arriveraient à diminuer leurs revenus au lieu de les augmenter.

Relativement à l'emprunt, nous avons distingué avec soin les emprunts de l'État des emprunts des communes, et nous avons constaté que, si les emprunts étaient une ressource réelle pour le premier, il n'en était pas ainsi pour les communes, dont ils ne faisaient que réaliser par anticipation les ressources ordinaires d'un certain nombre d'années, et que, par la manière dont ils sont combinés, ils sont la cause de l'impasse à laquelle aboutissent les budgets communaux.

Enfin, à un autre point de vue, nous avons constaté que l'affectation à certains des travaux que l'on appelle aujourd'hui travaux extraordinaires, et que nous appelons travaux d'utilité permanente, de ces différentes ressources: économies, excédants de recette, fonds provenant de l'aliénation des biens de l'État, recettes extraordinaires, impôts et emprunts, présentait un caractère flagrant d'injustice, par l'inégalité de la répartition de la charge entre les générations présentes et les générations à venir.

La conclusion de tout ce résumé de l'application de notre système financier est donc celle-ci: insuffisance, impossibilité et injustice.

En nous montrant les inconvénients du système actuel, elle nous indique les conditions que devrait remplir le système appelé à y porter remède : il doit à la fois fournir des ressources plus considérables et en répartir équitablement les charges conformément à l'intérêt et aux avantages que chaque génération doit en retirer: double problème d'une importance capitale, qui me semble devoir être facilement résolu.

X

La répartition de la charge des dépenses conformément aux règles de l'équité est de la plus grande simplicité, puisque l'injustice, ainsi que nous l'avons vu, provient uniquement de la confusion que l'on fait entre des dépenses d'une nature essentiellement différente.

En distinguant les dépenses en dépenses d'une utilité permanente et en dépenses d'une utilité temporaire, nous établissons immédiatement une grande classification, entre les dépenses qui doivent être uniquement à la charge de la génération présente et celles qui doivent être supportées et par la génération présente et par les générations futures.

Mais à quels caractères reconnaître l'utilité d'une dépense? On doit prendre cette expression *d'utilité* publique dans son sens ordinaire, sans exagération dans aucun cas, ne voulant pas parler ni *de nécessité* publique, ni de travaux de pur luxe, l'utilité étant quelque chose d'essentiellement relatif et variant suivant les progrès de la civilisation et avec le degré de richesse du milieu dont on s'occupe.

D'un autre côté, quand je parle d'une *utilité permanente,* je n'entends pas parler d'une utilité indéfinie dans le sens absolu de ce mot. Pour moi, l'utilité qui doit vraisemblablement durer plus d'un siècle est une utilité permanente, par opposition à celle qui ne doit probablement durer que quelques années, et que j'appelle *utilité temporaire.*

Je ne vais pas entrer ici dans l'examen de toutes les dépenses portées au budget. Une pareille nomenclature, qui serait fastidieuse, n'est pas d'ailleurs nécessaire pour faire saisir ma pensée. Quelques exemples suffiront.

Dans mon système, ce n'est pas seulement par le but, par le genre des travaux auxquelles elles sont destinées, que l'on doit considérer les dépenses: c'est par leur effet immédiat. Aussi ne peut-on pas procéder par groupes et dire, par exemple : Les sommes destinés à couvrir les dépenses militaires ou de la marine, ou encore les dépenses affectées aux voies de communication, sont d'une utilité permanente, parce qu'il est et sera toujours utile d'être dans un état de défense suffisant, ou que les voies de communication seront utiles dans cent ans comme aujourd'hui.

Ce n'est pas non plus le chiffre de la dépense, quelque élevé qu'il soit, qui peut changer son caractère. En procédant de la sorte, on arriverait à des résultats complétement erronés. Il faut examiner chaque espèce de dépense en particulier, et rechercher avec soin la durée du résultat spécial qu'elle est appelée à produire.

C'est à ce double point de vue que l'on doit se placer pour la classification que nous proposons, sous peine de commettre les erreurs les plus graves. Ainsi, dans le budget de la guerre et de la marine [1], la création d'une forteresse, la construction de fortifications destinées à mettre tel ou tel point du territoire à l'abri d'un coup de main, ou l'établissement de batteries pour protéger nos côtes, sont pour nous des dépenses d'utilité permanente, parce qu'elles sont destinées à

[1] Nous ne parlons pas ici des guerres que peut avoir à soutenir un pays pour défendre son indépendance. Les dépenses qu'occasionnent de pareilles nécessités sont essentiellement d'une utilité permanente : c'est pour la nation une question de vie ou de mort, qui domine toutes les autres. Aussi ne les rangeons-nous dans aucune de nos catégories, et c'est à cette nature de dépenses seules que, d'après nous, doit s'appliquer l'emprunt à l'aide de la dette consolidée, que nous repoussons absolument dans notre système.

avoir une longue durée. Au contraire, les sommes énormes que nécessitent les inventions nouvelles au point de vue de l'armement, tout en pouvant, à un certain point de vue, être appelées dépenses extraordinaires, n'ont pas pour nous le caractère d'utilité permanente. Qu'est-ce qui prouve, en effet, que dans dix ans, que dans vingt ans, que dans moins de temps peut-être, de nouvelles inventions n'exigeront pas des armes nouvelles?

Nous en dirons autant de la flotte et des bâtiments cuirassés, mais ici par une double raison : c'est qu'en admettant qu'il n'y ait pas de nouvelles découvertes exigeant de nouveaux systèmes d'armement, un vaisseau n'a pas une durée indéfinie; la durée est même relativement très-courte. Aussi ne peut-on classer ces dépenses comme des dépenses d'une utilité permanente, ou tout au moins, si l'on voulait leur reconnaître ce caractère, devrait-on, une fois la transformation opérée, considérer comme dépense d'utilité temporaire la somme nécessaire chaque année au remplacement des navires devenus hors d'usage.

Quant aux voies de communication, chemins de fer, routes, canaux, chemins vicinaux, création de port, etc., etc., tous ces travaux (nous ne parlons que des travaux de premier établissement) sont pour nous des travaux d'utilité permanente.

On pourrait peut-être élever des objections au sujet des chemins de fer, contester la permanence de leur utilité, et soutenir qu'avec le temps on trouvera un autre mode plus rapide et plus économique de locomotion. C'est bien possible, mais il faut d'abord que l'invention ait lieu. Une fois la découverte faite, il s'écoulera une période de temps assez longue pour justifier le caractère de permanence de l'utilité que nous reconnaissons aux chemins de fer, avant que la découverte ne soit rendue pratique. Remarquons d'ailleurs une chose : c'est que la découverte d'un nouveau moyen de locomotion, à moins d'être faite dans des conditions tout à fait particulières et totalement en dehors des prévisions humaines, ne rendrait pas pour cela sans emploi les modes aujourd'hui en usage. Voyez les chemins de fer : loin d'amener l'abandon des routes de terre, ils ont activé au contraire la circulation sur celles-ci, et ont rendu de toute nécessité l'achèvement de nos chemins vicinaux. D'ailleurs, il resterait encore l'emplacement de ces travaux qui aurait toujours une valeur.

Au contraire, toutes les dépenses d'entretien de ces mêmes travaux, sont essentiellement d'une utilité temporaire.

Il en est de même des dépenses faites pour réparer les dégâts causés par une inondation, pour éviter les désastres qu'amènerait une famine, parce qu'elles n'ont précisément pour but que de remédier à des souffrances exceptionnelles, qui doivent avoir une très-courte durée.

Ces quelques explications suffisent pour faire bien saisir ma pensée au sujet de cette classification des dépenses. Mais à quel signe les reconnaîtra-t-on ? Leur caractère est bien tranché et bien facile à reconnaître. Il n'y a, pour savoir dans quelle catégorie doit être rangée une dépense quelconque, qu'à se poser cette simple question : les résultats de cette dépense seront-ils de nature à disparaître, soit avec elle, soit peu d'années après, ou, au contraire, doivent-ils se perpétuer dans l'avenir ?

Dans le premier cas, la dépense doit être portée au nombre des dépenses d'utilité temporaire, et par suite couverte à l'aide des ressources ordinaires ; dans le second cas, c'est dans la catégorie des dépenses d'utilité permanente qu'elle doit être rangée, et ce sont les ressources spéciales, dont nous allons nous occuper tout à l'heure, qui doivent seules la payer[1].

[1] On ne va pas manquer de faire une objection. Toute dépense, dira-t-on, offrira un côté par lequel, soit directement, soit indirectement, on pourra la considérer comme dépense d'utilité permanente, et les administrateurs feront rentrer toutes les dépenses qu'ils voudront faire dans cette dernière catégorie. Que cette tendance existe, nous ne le contestons pas ; mais elle sera facilement contenue dans la pratique par la surveillance des Conseils municipaux, des Préfets et enfin du Corps législatif, dont l'intervention sera toujours indispensable pour autoriser les moyens de se procurer les ressources destinées à y faire face.

Mettra-t-on en suspicion ce triple contrôle ? Avec de pareilles supposi-

Cette première question élucidée, reste la deuxième, celle de l'afffectation de ressources suffisantes aux dépenses d'une utilité permanente.

L'examen auquel nous nous sommes déjà livré facilite bien cette seconde partie de notre tâche.

Nous avons constaté, en effet, qu'il n'y avait que deux moyens de se procurer de nouvelles ressources : les impôts et l'emprunt. Nous avons vu qu'il ne fallait pas songer au premier de ces moyens ; il ne reste donc que l'emprunt.

Or nous avons distingué deux emprunts de natures bien diverses : l'un, l'emprunt de l'État, non remboursable, qui a le défaut de dégrever le présent aux dépens de l'avenir ; le second, l'emprunt des communes, remboursable à court terme, qui a l'inconvénient de surcharger le présent au profit de l'avenir.

Puisque ces deux termes sont injustes, chacun dans un sens opposé, c'est dans un terme moyen que doit se trouver la solution; c'est là, en effet, qu'elle se trouve à nos yeux. C'est un genre d'emprunt particulier que nous proposons pour faire face aux dépenses d'une utilité permanente ; c'est un emprunt à long terme, faisant une juste répartition entre la génération présente et la génération à venir, emprunt remboursable à l'aide de l'amortissement, agent d'une très-grande puissance, dont le rôle est trop méconnu de nos jours et qu'il importe de rétablir dans sa véritable valeur.

L'amortissement, qui est un moyen de reconstituer un capital par l'épargne et la capitalisation des intérêts de ces épargnes, a eu des fortunes bien diverses.

Après avoir été porté aux nues pendant une certaine période de temps, après avoir été présenté par certains financiers « comme une panacée universelle, comme une source de richesse intarissable, permettant de rembourser les dettes nationales

tions, il n'est pas une théorie possible. Il faut admettre que les fonctionnaires chargés d'accomplir un mandat le font consciencieusement ; d'ailleurs, et dans le cas contraire, on ne saurait trouver un système à l'abri de la critique.

et de les renouveler sans cesse, pouvant même offrir aux États cet avantage de les mettre à même d'entretenir des guerres perpétuelles », la désillusion a été complète, et autant on avait été enthousiaste de ce système financier, autant la réaction a été puissante.

On ne l'a plus appelé qu'un « décevant mirage », et ses détracteurs, parmi lesquels on compte des économistes éminents, en sont arrivés à cette conclusion, que l'institution de l'amortissement n'avait jamais réduit aucune dette ; que, loin de là, elle n'avait jamais servi qu'à charger les budgets en dissimulant la vérité, et que, « non-seulement les dettes inscrites n'ont pas été diminuées par l'amortissement, mais qu'il a constamment et partout servi à les augmenter, grâce aux erreurs qu'il a propagées, aux fausses espérances qu'il a engendrées. »

De ces deux opinions, quelle est la vraie? Aucune des deux ; elles sont aussi exagérées l'une que l'autre.

Sans doute, il serait absurde et totalement contraire aux règles les plus élémentaires d'emprunter pour amortir, car le payement de l'intérêt du capital emprunté ne laisserait aucune somme pour l'amortissement. Mais, d'un autre côté, il y a dans l'amortissement ce fait immense et palpable de la puissance de la capitalisation des intérêts ; c'est que, si vous supposez un emprunt de 100 millions remboursable en cent ans, il faudra, si vous ne voulez vous servir aucunement de l'amortissement, prélever sur les ressources 100 millions dans cet espace de temps, tandis que, dans l'hypothèse théorique d'un amortissement régulier, il suffirait chaque année, pendant le même temps, d'affecter à l'extinction du capital de 100 millions une somme de 80,000 fr., soit 8 millions pour les cent ans, au lieu de 100 millions ; différence en moins, 92 millions.

Aussi il ne serait pas sérieux aujourd'hui de venir critiquer théoriquement l'amortissement ; on se trouve en présence d'une force très-considérable, non pas de création de richesse, mais d'augmentation de production de la richesse, qui, en recueillant des sommes très-minimes et en leur faisant produire des intérêts qui, régulièrement capitalisés, deviennent productifs à leur tour, reconstitue des capitaux de plus en plus considérables, suivant que l'opération dure plus longtemps.

Est-ce à dire que l'amortissement (ou la caisse d'amortissement) n'ait pu amener de fâcheux résultats? Est-ce à dire que ce système n'ait pas présenté des inconvénients? et voulons-nous prétendre qu'il a rendu les services qu'on devait attendre et qu'une part considérable de la dette a été amortie? Evidemment, non. Mais qu'est-ce que cela prouve? Est-ce l'amortissement qu'il faut accuser et qu'il faut rendre responsable? Non, c'est la manière dont il a été appliqué. C'est cette application défectueuse qu'il faut attaquer; c'est à trouver un moyen plus commode, ou plutôt un moyen plus efficace, de le faire fonctionner, que doivent tendre les efforts; mais en arriver à le dédaigner serait imiter le jeune singe de la fable, qui rejette la noix parce qu'il ne sait pas l'ouvrir.

J'irai même plus loin, et je dirai que non-seulement il n'est pas étonnant que la manière dont fonctionne l'amortissement n'ait pas amené de bons résultats, mais qu'il serait très-étonnant qu'il en eût été autrement.

C'est qu'en effet le grand vice de l'amortissement appliqué à l'extinction des dettes de l'État vient de ce que l'on se trouve en présence d'une dette consolidée et de ce que, par suite, l'amortissement est facultatif. Le remboursement du capital ne pouvant être exigé, la nécessité d'amortir, c'est-à-dire de reconstituer petit à petit le capital qui doit être remboursé, ne se fait pas sentir; aussi faudrait-il une force d'économie tout exceptionnelle, un véritable stoïcisme de la part du gouvernement, pour s'astreindre, au milieu des besoins d'argent qui surgissent à tout moment, à prélever sur ses ressources ordinaires de quoi faire fonctionner réellement l'amortissement.

Le second danger est celui-ci : c'est l'accumulation de sommes considérables dans la caisse d'amortissement, lorsqu'elle fonctionne, et la tentation d'y puiser à laquelle, par la raison que nous donnons plus haut, le gouvernement et les chambres ne peuvent pas résister, puisque, en définitive, aucune obligation n'existe au sujet du remboursement.

Il ne s'agit donc que de trouver le moyen de prévenir ce double danger pour que l'amortissement fonctionne régulièrement et produise ses merveilleux résultats.

Les moyens ne manqueront pas, comme nous le verrons tout à l'heure; aussi, sans nous arrêter plus longtemps à la prétendue inefficacité de l'amortissement, examinons le deuxième terme de notre proposition, l'emprunt à long terme :

Le système des emprunts a subi de grandes variations. Les divers modes adoptés peuvent se ranger dans une des cinq catégories suivantes :

1° Les rentes perpétuelles, dont la durée n'est fixée à aucune époque et qui durent tant que le gouvernement ne juge pas à propos de les rembourser (c'est le mode adopté aujourd'hui pour les emprunts contractés par l'État);

2° Les rentes à terme ou les rentes par annuités qui s'éteignent à l'aide d'un certain nombre de payements, comprenant les intérêts et une partie du capital, qui se diminue d'autant. C'est habituellement la voie du tirage au sort avec prime qui est suivie pour le remboursement (mode adopté pour les emprunts de la ville de Paris);

3° Les emprunts à terme qui sont payables à époques fixes (c'est le mode adopté pour les emprunts des communes);

4° et 5° Enfin deux dernières catégories qui n'ont plus qu'un intérêt historique, ce sont les rentes viagères et les emprunts aléatoires.

A quel système doit-on s'arrêter? A un système qui se rapproche beaucoup des rentes à terme ou par annuités.

Nous avons vu, en effet, que les emprunts des communes remboursables dans un court délai, lorsqu'ils s'appliquent à des travaux d'utilité permanente, sont injustes et écrasants pour la génération présente; que, d'un autre côté, les emprunts de l'État sont injustes et écrasants pour les générations à venir. Le remède à ce double danger est donc tout indiqué: il se trouve dans l'emprunt remboursable à long terme, qui répartit la charge sur un plus grand nombre d'années. Et si à l'emprunt à long terme se joint l'amortissement, la charge devient à peu près nulle ; on se trouve presque dans la situation de la dette consolidée, sans en avoir les inconvénients et les dangers, par suite de la modicité de la somme à payer en sus des intérêts pour amortir le capital. Que l'on songe, en effet, qu'une somme de huit centimes, prélevée chaque année, suffit pour amortir 100 fr. à 4 °/₀ en cent ans[1] ;

800 fr. pour un million ;

8,000 fr. pour dix millions ;

80,000 fr. pour cent millions ;

Prenons un exemple, et examinons quelle serait la situation de la commune qui aurait emprunté 1,000,000 dans ces conditions-là ou dans les conditions actuelles. Dans les conditions actuelles, la moyenne de la durée des emprunts et de leur remboursement est de dix à quinze ans ; c'est dans ce court espace de temps que l'on doit se procurer les ressources nécessaires pour faire face, au bout des quinze ans, au remboursement du capital ; c'est donc un million que la commune devra se procurer en quinze ans. Avec l'emprunt à cent ans, pendant les quinze ans, la somme qu'aura à payer la commune pour l'amortissement de ce même capital sera de 12,000 fr., à raison de 800 fr. par an. Différence, 988,000 fr.

Mais, me dira-t-on, par ce moyen vous faites supporter la charge de l'intérêt pendant cent ans, au lieu de dix ou trente ans. Incontestablement, car c'est là précisément que se trouve l'équité de mon système ; la charge est répartie sur cent ans, au lieu de l'être sur dix ou quinze.

Remarquez d'ailleurs que le poids des intérêts ne sera le plus souvent qu'illusoire, car il sera bien rare que ces travaux n'aient qu'une utilité purement immatérielle, et que, soit directement, soit indirectement, ils ne produisent pas de quoi faire face à tout ou partie des intérêts ; et, dans ce cas, l'équité de la charge de l'amortissement mise au compte des générations futures jusqu'à cent ans est encore plus évidente.

[1] Le chiffre exact est quatre-vingt-dix-neuf ans quatre-vingt-deux jours.

Mais, dira-t-on encore, un terme aussi long est exagéré. Qui sait si, d'ici là, il ne sera pas survenu quelque cataclysme dans l'ordre naturel ou politique? Une pareille incertitude sur le remboursement ne fera jamais adopter ce système; il n'y aura pas de prêteurs à si long terme.

C'est une erreur complète. Qu'on choisisse, en effet, la forme des titres négociables dont la réalisation peut s'opérer chaque jour dans les marchés publics, et qu'on voie ce qui se passe pour les rentes sur l'État. Or, si la dette consolidée de l'État, qu'aucun fonds de réserve ne garantit, jouit d'une aussi grande faveur auprès du public, pourquoi n'en serait-il pas de même pour le nouveau système d'emprunts, qui offrirait les mêmes facilités et qui, de plus, présenterait la certitude du remboursement au terme fixé?

Quant à l'objection de cataclysme, est-il bon d'y répondre? Avec de pareilles hypothèses, rien n'est possible, et, d'ailleurs, ceux qui auraient refusé ce mode de placement seraient-ils dans une position plus avantageuse que les autres?

Pourquoi proposons-nous le terme de cent ans plutôt qu'un chiffre inférieur ou supérieur? C'est que, d'un côté, il faut donner un terme assez long afin d'arriver à une charge très-légère comme amortissement; or, avec ce délai, le poids de l'amortissement est à peu près nul, et cette répartition renferme toutes les conditions désirables au point de vue de la justice dans la répartition des charges entre le présent et l'avenir. D'un autre côté, nous ne proposons pas un terme plus éloigné, parce qu'une plus longue durée pourrait être dangereuse, car il ne faut pas oublier la puissance du génie de l'homme. Avec les progrès des sciences, les inventions se succèdent avec rapidité, et ce qui paraît aujourd'hui devoir durer toujours pourrait, dans cent ans, avoir complètement perdu sa valeur. La charge de l'amortissement est d'ailleurs si légère avec ce terme, qu'il n'y aurait pas utilité à le prolonger.

XI

Ainsi, emprunt à long terme et amortissement appliqué aux dépenses d'utilité permanente, tel est le moyen que je propose pour sortir de l'impasse dans laquelle nous nous trouvons, et que je formule dans le système financier suivant :

Une seule distinction dans les budgets : distinction en dépenses d'utilité permanente et dépenses d'utilité temporaire, les dernières devant être payées à l'aide des revenus ordinaires, les autres uniquement à l'aide de l'emprunt.

Emprunt à long terme, cent ans. Amortissement destiné à reconstituer au bout de ce temps le capital, intérêts et amortissement pris sur les ressources ordinaires.

Un mot sur chacun de ces points.

La distinction entre les dépenses étant la base de tout le système, et la situation actuelle exigeant une exécution aussi prompte que possible des travaux publics, voici, d'après moi, comment elle devrait être opérée. Dans chaque commune, les besoins étant étudiés avec soin, les administrations municipales seraient appelées à dresser l'état des travaux à effectuer et des dépenses à faire. Ce tableau devrait se diviser en deux catégories : d'un côté, les dépenses d'utilité temporaire; de l'autre, les dépenses d'utilité permanente. Ce travail, accompagné des plans et devis, dans lesquels les dépenses seraient évaluées avec le plus grand soin [1], serait présenté aux con-

[1] Ce projet devrait contenir une sanction pénale contre l'architecte qui, dans l'exécution, dépasserait les devis. Remarquons, en effet, que de grands dangers existent dans cette matière des travaux publics. Un projet est fait et approuvé, on l'exécute; seulement, par suite d'erreurs dans les devis ou de l'estimation trop inférieure de telle ou telle partie des travaux, on se trouve en présence d'un excédant de dépenses. Or cet excédant, qui n'aurait rien été dans le principe, lorsque l'on s'occupait des voies et moyens de pourvoir à

seils municipaux, qui devraient le contrôler et en exclure les dépenses qui ne seraient que de pur luxe[2], car, nous l'avons déjà dit, la tendance toute naturelle de l'administration d'une ville à l'embellir peut la porter, sans qu'elle s'en doute, à s'exagérer l'utilité de telle ou telle dépense.

Ce projet serait alors adressé au Préfet, qui, après examen en Conseil de préfecture, le transmettrait avec ses observations au Ministre des travaux publics.

Enfin le Corps législatif, qui serait appelé à autoriser l'emprunt, devrait à son tour examiner avec soin l'utilité et le caractère des dépenses.

Mais, nous dira-t-on, votre système, tout avantageux qu'il peut être pour l'avenir, ne remédie pas à la situation présente.

Il serait fâcheux, en effet, de voir la situation que nous avons exposée en commençant se perpétuer pendant dix, quinze et même vingt ans, pour les villes qui sont entrées dans la voie des emprunts à court terme. Aussi proposons-nous de donner à notre système une sorte d'effet rétroactif: les travaux en cours d'exécution et les emprunts déjà votés et non encore soldés seraient compris dans le tableau dont il s'agit, et l'emprunt à faire embrasserait les emprunts non soldés et transformerait ces emprunts à court terme en emprunts à long terme; les annuités déjà mises en réserve pour le payement du capital seraient versées aux ressources ordinaires du budget : de la sorte, la charge de ces travaux se trouverait répartie, avec juste raison, sur la génération présente et sur les générations à venir.

Les porteurs des titres de l'ancien emprunt seraient appelés à opter entre le remboursement (le débiteur a toujours le droit de se libérer, à moins de conventions contraires) ou entre la

la dépense, devient un embarras extrême pour trouver les sommes à y affecter, dans un budget qui ne l'avait pas et ne pouvait pas le prévoir.

Cette observation a d'autant plus d'importance dans notre système, que nous cherchons précisément à dégager le budget ordinaire des charges que lui imposent à tort les dépenses des travaux extraordinaires.

[2] Remarquons que ceci est essentiellement relatif. Ce qui serait du luxe pour une commune pauvre ne l'est plus pour une ville riche : l'éclairage au

délivrance de titres du nouvel emprunt à long terme, à concurrence de leurs souscriptions primitives.

Sur le mode de l'emprunt à long terme, sur son genre d'émission, nous n'avons pas à entrer dans de longs développements.

Il s'agit, en effet, de détails d'exécution qui sortent du cadre de cet écrit.

Nous n'avons qu'une seule observation à faire.

C'est que, du moment que ces emprunts s'appliquent à des travaux d'utilité permanente, ils doivent être tous de même durée, et cette durée doit être calculée de manière à ce que, tout en ne dépassant pas la durée probable de l'utilité, ils ne représentent qu'une charge presque nulle pour l'amortissement. Nous avons adopté le chiffre de cent ans, qui nous a paru le mieux remplir cette double condition.

Quant à l'amortissement:

Nous avons déjà signalé les deux causes qui avaient empêché les résultats que l'on devait rationnellement attendre de ce moyen d'éteindre les dettes. Il importe donc de se mettre en garde contre ce double écueil que ne nous avons relevé. Plusieurs moyens se présentent.

D'abord, le danger de non-remboursement ne serait pas à craindre, puisque la loi autorisant l'emprunt fixerait le terme dans lequel il devrait être amorti et ordonnerait l'inscription au budget ordinaire de chaque année des sommes nécessaires au payement de l'intérêt et de l'amortissement.

De plus, ce serait par voie de souscription publique que devraient être faits ces emprunts, et non à l'aide de telle ou telle institution de crédit. La nécessité de pourvoir aux exigences du public à l'époque des payements obligerait l'État et les com-

gaz, la construction d'une salle de spectacle, qui seraient une dépense ridicule dans une petite localité, sont une nécessité pour une ville. De même, dans une ville d'eaux, dont la vie consiste dans la présence des baigneurs, toutes les dépenses de luxe qui ont pour effet d'augmener l'attrait de leur séjour sont des dépenses utiles.

munes à faire fonctionner régulièrement l'amortissement, au lieu que les traités passés avec les grands établissements financiers pourraient être facilement modifiés d'un commun accord.

Enfin, le mode d'amortissement et son fonctionnement méritent la plus grande attention.

Devrait-on créer une caisse spéciale, dans laquelle seraient versés chaque année les fonds destinés à l'amortissement des emprunts, fonds que la caisse ferait fructifier elle-même ? Devrait-on s'arrêter à la création d'une institution dans le genre de celle du Crédit foncier, mais en sens inverse, c'est-à-dire qui serait chargée non de prêter à l'État, aux départements et aux communes l'argent nécessaire à leurs emprunts, mais, au contraire, qui recevrait les sommes destinées à l'amortissement, sommes qui formeraient son capital et qu'elle placerait chez les particuliers en emprunts hypothécaires, capital qui s'augmenterait, chaque année, et de chaque annuité versée par les communes et des intérêts des annuités précédentes ?

Dans tous les cas, cette institution, cette caisse d'amortissement, quel que fût son nom, ne devrait pas faire partie de l'administration publique : l'État, soit qu'il y eût une caisse unique, destinée à tous les emprunts à long terme, soit qu'il y eût une caisse par département, devrait seulement se borner à la faire surveiller pour s'assurer que les placements sont faits dans de bonnes conditions.

En outre, pour éviter dans cette caisse une accumulation trop considérable de fonds, une clause de ses statuts ou un article du projet de loi de l'emprunt devrait ordonner des remboursements partiels à des époques déterminées, tous les quinze ou vingt ans par exemple, remboursements s'opérant, soit sur la totalité des titres qui seraient remplacés par des titres nouveaux, diminués d'autant, soit, ce qui serait plus simple, par le payement intégral à l'aide du tirage au sort, avec ou sans prime, d'un nombre de titres égal à la somme contenue dans la caisse d'amortissement.

D'un autre côté, et toujours pour éviter une trop grande accumulation de fonds, la somme nécessaire à l'amortissement devrait seule être versée chaque année dans cette caisse. Le service des intérêts des emprunts continuerait à être fait par les trésoriers-payeurs pour les emprunts de l'État, et par les receveurs municipaux pour les emprunts des communes.

Tous ces moyens peuvent avoir leurs avantages, mais ils peuvent avoir aussi leurs périls, et ils entraîneraient des dépenses assez considérables. Il en est un autre, au contraire, d'une simplicité très-grande, et qui n'occasionnerait que des frais insignifiants sans présenter aucun danger.

Ce serait de charger les payeurs et les receveurs d'opérer eux-mêmes l'amortissement, au lieu de verser les fonds à une caisse spéciale qui serait chargée de les faire fructifier. Ce mode si simple consisterait, non certes, à transformer ces fonctionnaires en banquiers, mais à amortir chaque année un certain nombre de titres, par la voie du tirage au sort ou d'après un ordre fixé d'avance par la loi de l'emprunt.

Pour cela, il n'y aurait qu'à adopter des coupures excessivement faibles. Supposons des titres de 100 fr. et un emprunt de 10,000,000 remboursable dans cent ans. Au bout de la première année, on procéderait au tirage au sort de 80 actions, qui seraient éteintes à l'aide des 8,000 fr.[1] destinés chaque année à l'amortissement.

L'année suivante, même opération ; mais, comme la même somme serait toujours portée au budget ordinaire pour le service des intérêts, la somme destinée à amortir ne serait plus seulement de 8,000 fr., elle serait de 8,000 fr. plus l'excédant d'intérêts correspondant aux actions éteintes la première année, soit 320 fr. à 4 °/₀, 400 fr. à 5 °/₀. Ce serait donc, dans le cas où l'emprunt aurait été émis au taux de 4 °/₀, 8,320 fr., et 8,400 fr. au taux de 5 °/₀, qui serviraient à éteindre non plus seulement 80 actions, mais 83 ou 84 la deuxième année,

[1] On pourrait ajouter quelques francs de plus, soit pour parer aux petits frais que peut amener ce système, soit pour établir un remboursement avec prime si on le jugeait utile.

et ainsi de suite; de telle sorte qu'au bout de cent ans l'emprunt serait éteint en totalité.

Le calcul permettrait de former d'avance un tableau du nombre d'actions à rembourser chaque année.

Une seule chose à observer dans ce système si simple, si pratique, et qui ne présente pas le moindre danger d'accumulation de sommes considérables, c'est qu'il importe d'adopter le système de coupures très-faibles, pour que l'amortissement puisse bien fonctionner. Si, par exemple, on adoptait des souscriptions de 1,000 francs, il pourrait arriver que chaque année une somme considérable restât improductive, ce qui changerait tous les termes de la question. Supposons, par exemple, que le receveur se trouve avec 10,999 francs dans sa caisse, il ne pourra rembourser que dix actions de mille francs, et 999 francs resteront improductifs jusqu'à l'année suivante, tandis qu'avec des coupures de 100 francs ce résultat ne peut se produire que pour une somme inférieure à ce chiffre. L'inconvénient serait donc bien moindre; on pourrait même, pour l'éviter complétement, ajouter à la somme nécessaire à l'amortissement, chaque année, l'intérêt de la somme de 100 francs, soit 4 ou 5 francs, pour éviter tout mécompte.

Ce mode d'amortissement, qui me paraît le seul admissible, par suite de sa simplicité et de son économie, assurerait le fonctionnement régulier et continu de l'amortissement. Aucun doute ne pourrait rester à ce sujet dans l'esprit de quiconque connaît l'admirable fonctionnement de notre organisation financière et le contrôle si exact et si sévère qu'exerce la Cour des comptes.

XII

Tel est notre système, tant pour le budget de l'État que pour celui des départements et des communes :

Distinction des dépenses d'utilité permanente et des dépenses d'utilité temporaire, classement de ces dernières dans le budget ordinaire, qui doit fournir les fonds destinés à les payer en totalité;

Classement des dépenses d'utilité permanente dans un budget spécial, auquel on peut, si l'on veut, maintenir le nom de budget extraordinaire; payement des dépenses à l'aide d'emprunts à longs termes, remboursables par annuités au moyen de l'amortissement par les caisses publiques, le budget des recettes ordinaires ne devant pourvoir qu'au payement des intérêts et de la somme nécessaire à l'amortissement du capital de ces emprunts.

Avons-nous besoin d'insister sur les avantages que présenterait l'adoption de ce système? Non, car nous ne pourrions que faire ici la contre-partie des inconvénients que nous avons signalés dans le courant de cette étude, en cherchant les moyens d'y remédier.

Contentons-nous de dire en deux mots que l'équité, que nous avons vue si souvent méconnue dans l'examen du système suivi jusqu'à ce jour, se trouverait pleinement satisfaite;

Que pour le budget de l'État, au lieu d'être obligé de demander aux ressources ordinaires et à l'impôt les sommes énormes qui ont été employées aux dépenses d'utilité permanente, on n'eût eu à prélever sur ces ressources que l'intérêt et l'amortissement de ces dépenses;

Qu'au lieu de se solder en déficit depuis tant d'années, les budgets auraient donné des résultats tout différents; et qu'enfin, au lieu de se trouver en présence d'une augmentation dans la dette consolidée de près de 4 milliards depuis 1852, on verrait la situation financière s'améliorer peu à peu, grâce au fonctionnement régulier de l'amortissement, et l'on pourrait considérer l'avenir avec calme.

Quant aux budgets des départements et des communes, au lieu de s'équilibrer avec la plus grande difficulté, ils se solderaient en excédant; et tandis que, d'un côté, tous les travaux publics seraient activement poussés vers leur achèvement, de l'autre, les excédants considérables des recettes ordinaires permettraient de satisfaire largement à toutes les dépenses d'amélioration et d'entretien qui sont nécessairement et, par la force même des choses, négligées aujourd'hui.

FIN

Montpellier. impr. Gras.